13ᴱ ANNIVERSAIRE

DE

LA BATAILLE DE LOIGNY

2 DÉCEMBRE 1870

DISCOURS

PRONONCÉ LE 3 DÉCEMBRE 1883,
DANS L'ÉGLISE DU SACRÉ-CŒUR DE LOIGNY,

PAR

M. L'ABBÉ A. PIAUGER

AUMONIER DE L'HOTEL-DIEU DE CHARTRES
ET DES PETITES-SŒURS DES PAUVRES,
ANCIEN AUMONIER DES MOBILES D'EURE-ET-LOIR.

CHARTRES

F. MILAN-LEDUC, IMPRIMEUR,
6 et 8, RUE DU CHEVAL-BLANC, 6 et 8.

1884

BATAILLE DE LOIGNY

13ᵉ *ANNIVERSAIRE*

1883

13ᴇ ANNIVERSAIRE

DE

LA BATAILLE DE LOIGNY

2 DÉCEMBRE 1870

DISCOURS

PRONONCÉ LE 3 DÉCEMBRE 1883,
DANS L'ÉGLISE DU SACRÉ-CŒUR DE LOIGNY,

PAR

M. L'ABBÉ A. PIAUGER

AUMONIER DE L'HOTEL-DIEU DE CHARTRES
ET DES PETITES-SŒURS DES PAUVRES,
ANCIEN AUMONIER DES MOBILES D'EURE-ET-LOIR.

CHARTRES

F. MILAN-LEDUC, IMPRIMEUR,
6 et 8, RUE DU CHEVAL-BLANC, 6 et 8.

1884

TREIZIÈME ANNIVERSAIRE

DE LA

BATAILLE DE LOIGNY

⤫

2 DÉC. 1870 — 3 DÉC. 1883.

———▷—✶—◁———

Le 3 Décembre dernier, un service solennel était célébré à LOIGNY. C'était le treizième anniversaire de la bataille engagée, tout près de ce village et dans le bourg même, le 2 Décembre 1870, entre l'avant-garde de l'ARMÉE DE LA LOIRE et les Prussiens de FRÉDÉRIC-CHARLES.

Le service annuel est célébré sous les auspices du Comité départemental de secours aux blessés, nous avons remarqué M. COLLIER-BORDIER, l'infatigable président, et deux membres du comité, M.M. CHAUVIÈRE et BELLIER DE LA CHAVIGNERIE. Plusieurs personnes de Chartres, entre autres, M. CAILLOT rédacteur en chef du Journal de Chartres et M. LEMOULT-GARNIER, les avaient accompagnés.

L'Église du Sacré-Cœur était pleine d'une assistance recueillie, visiblement impressionnée. Chaque année, les cultivateurs de Loigny font cesser les travaux de la ferme pour permettre à leurs domestiques d'accomplir un devoir de patriotique reconnaissance. Le maire de la commune et son conseil donnent un exemple que leurs administrés suivent volontiers.

Une vingtaine de prêtres des paroisses voisines chantaient l'office; M. l'abbé THEURÉ, curé de Loigny, comme toujours se multipliait, et veillait aux détails de la solennité funèbre. Un catafalque magnifique avait été dressé dans le chœur. L'administration départementale était représentée par M. BRUNET conseiller de préfecture; l'armée, par M. le Capitaine de gendarmerie de Châteaudun. Le brigadier d'Orgères et ses gendarmes se tenaient, pendant l'office, aux quatre coins du catafalque.

Signalons encore, parmi les assistants, M. CLICHY conseiller général du canton de Janville; Mesdames DE BOUILLÉ, DE VERTHAMON, DE FERRON qui viennent tous les ans, faire à Loigny ce pieux pèlerinage. D'autres familles encore sont fidèles au rendez-vous de la prière pour les victimes de la terrible journée.

Avant l'absoute, M. l'abbé PIAUGER, Aumônier de l'Hôtel-Dieu de Chartres, ancien aumônier des Mobiles d'Eure-et-Loir, prononce, au milieu d'un silence religieux, le discours suivant.

DISCOURS DE M. L'ABBÉ PIAUGER

Erigamus dejectionem populi nostri, et pugnemus pro populo nostro et sanctis nostris.
I Mach, c, 3, v, 43.

Ils se disaient les uns aux autres: Empêchons la ruine de la patrie, combattons pour notre nation et nos saintes croyances.

Mes frères,

L'Ecriture Sainte nous a conservé ces fières paroles des Machabées. Armés pour la foi et la liberté ils ont combattu avec une bravoure qui les désigne aux soldats chrétiens comme un modèle accompli. Toujours sur la terre il y aura des oppresseurs, toujours Dieu, de qui vient la liberté, suscitera pour la défendre des champions intrépides, dédaigneux de la vie. Le monde acclamant les victimes, ajoute leur nom au nom des héros dont la liste déjà longue est toujours incomplète. Ils brillent à la place d'honneur ceux que nous venons pleurer. Vos prières et vos larmes, chrétiens, témoignent, en cet anniversaire, de votre reconnaissance et de notre commune admiration. Et moi, en paraissant dans cette chaire, je ne me défendrai point d'une fierté que je crois légitime. Je succède, il est vrai, à des orateurs de qui la parole puissante ou gracieuse, toujours élevée, a raconté plusieurs fois déjà la mémorable journée du Deux Décembre mil huit cent soixante dix. Ils

ont dit éloquemment l'héroisme de nos braves,
chanté les vertus guerrières des combattants; ils
ont salué en eux, pour les exalter, les dignes fils
ou les généreux émules des chevaliers d'un autre
âge; ils les ont montrés impatients de commencer
l'attaque, audacieux dans la mêlée, beaux et sublimes dans le trépas. En ce jour-là, M. F., la mort
fut un triomphe. Jamais peut être la pensée du
philosophe n'aura été plus vraie: *il est des défaites
triomphantes à l'envy des victoires.* La bataille
de Loigny! Quel souvenir! Comment redire, après
les maîtres de la parole, ce brillant fait d'armes?
seul un témoin pourrait faire resplendir cette
lumineuse page de notre histoire nationale. Je
l'avoue, M. F., les difficultés de l'entreprise m'ef-
fraient. Ma crainte cependant n'est pas du découragement, elle n'exclut pas toute confiance, et ma
confiance, il me semble, n'est pas de la témérité.
Pendant que se faisait à Loigny cette charge
héroïque, pendant que le village soutenait un
assaut furieux, là-bas, aux confins d'un départe-
ment voisin menacé par l'invasion qui élargissait
de plus en plus son cercle de sang répandu, de
ruines fumantes, un Aumônier des ambulances
d'Eure-et-Loir cherchait, pour les rejoindre au
plus vite, ses bataillons de Mobiles. En traversant
les lignes allemandes je portais, déjà, tout près du
cœur, le brassard dès lors sacré, désormais légen-
daire. Bientôt, à côté des frères d'armes des héros
du deux décembre, j'assistais à plusieurs batailles

qui n'ont point, hélas, donné la victoire, mais l'impartiale histoire l'a proclamé, elles ont du moins sauvegardé l'honneur militaire de la France. Je vous rends grâces, ô mon Dieu ! vous m'avez permis alors de donner ma part de dévouement à la Patrie malheureuse. C'est là, sans doute, M. F., et je m'en réjouis, ce qui me vaut aujourd'hui l'honneur de porter la parole devant cette assemblée sympathique. Cette gloire j'ai le bonheur de savoir l'apprécier, et sans plus m'attarder je commence ma noble et douce tâche. Je compte sur toute votre bienveillance. Donnez cet encouragement désiré, et nécessaire, à ma bonne volonté.

Pour honorer les saints et payer son tribut d'hommages aux vertus dont leurs reliques ont été les témoins ou les instruments, l'Eglise de Chartres chante des paroles empruntées presque textuellement à l'Ecriture : *in morte mirabilia operati sunt, ossa ipsorum visitata sunt et post mortem prophetaverunt;* en mourant, ils ont fait des choses dignes d'admiration, leurs ossements ont été visités, et, après leur mort, les vaillants ont prophétisé. Qu'il me soit permis de m'emparer de cet éloge sommaire; il indiquera les lignes principales de mon discours. Les braves de l'armée française, en luttant jusques à la mort, ont opéré des choses merveilleuses, *mirabilia operati sunt.*

I. — Au milieu des misères diversement attristantes de la vie, une chose a le privilège de faire

naître dans nos âmes l'admiration, c'est le courage.
Le courage, c'est à dire le calme au milieu du dan-
ger, l'impétuosité dans l'attaque, l'énergie à soutenir le choc de l'ennemi, la persévérance dans la
lutte une fois engagée. Le courage, c'est-à-dire,
le mépris de la mort tant redoutée parce qu'-
elle est un châtiment. Le courage, c'est-à-dire, le
don de soi, avec le cortège de privations, de sa-
crifices vaillamment acceptés! Quel que soit son
motif, quel que soit son but, le courage nous
émeut, il commande l'enthousiasme. Mais si la
source du courage, c'est l'amour de la Patrie; si le
but qu'il veut atteindre, c'est l'indépendance, la
liberté, l'honneur de son pays; si le courage
s'oppose comme une digue aux flots immondes de
l'invasion. Ah! surtout, si le courage est inspiré,
soutenu par les convictions religieuses; s'il obéit
à la Foi qui lance ses enfants aux combats du
bien contre le mal, de la vérité contre l'erreur, en
leur montrant, au ciel, une récompense assurée,
éternelle, le courage, alors, tresse pour le guer-
rier qu'il enflamme la couronne du martyre; il
met à son front cette auréole resplendissante,
justement enviée. C'est l'idéal de l'héroisme!

La bravoure ainsi comprise nous rappelle ce
que fut la bataille de Loigny. Tout sembla perdu,
excepté l'honneur. La défaite, par la grâce de Dieu,
n'est pas toujours la honte, ici, elle fut la gloire.
Ecoutez. Metz l'imprenable venait de capituler.
C'était une forteresse de moins pour la France, et

pour l'Allemagne un repaire de plus. Mon Dieu,
quelle vision douloureuse, quel navrant spectacle!
J'aperçois des généraux, des officiers avec leurs
soldats qu'on n'ose compter; je les vois humiliés,
réduits à l'impuissance, anéantis. J'aperçois des
canons devenus muets, des fusils désormais inof-
fensifs, des épées rentrées au fourreau sans gloire,
elles les vaillantes; des munitions de toutes sortes,
dont l'ennemi se fera des complices, qu'il trans-
formera en traîtres à la Patrie. Ce n'est pas tout;
le drapeau national si beau dans la fière main de
tes fils, ô France, quand il les conduisait à la
bataille, je veux dire à la victoire! tes étendards
sacrés prennent le chemin de l'exil. Ils serviront
donc, sur la terre étrangère et maudite, au triomphe de l'envahisseur? O deuil, ô abîme insondable!
Je vois une armée française tout entière, traînée
en captivité. Vous le rappellerai-je, M. F.? De ce
jour à jamais néfaste un redoublement de fureur
envahissante s'empara de l'Allemagne. Justement
surprise elle même de tant de faciles succès, elle
s'imagine qu'elle avancera désormais sans obstacle
sérieux, à travers la France. Les flots orgueilleux
de la marée montante se précipitent. Les prussiens,
pour profiter de la terreur partout répandue, quit-
tent les murailles, à nos yeux deshonorées, de la
capitale de la Lorraine. Sur leur passage ils con-
templent avec joie les ruines amoncelées; mais
s'ils regardent bien ils verront dans les yeux des
vaincus les éclairs d'une haine impuissante,

d'autant plus vivace. A marches forcées, savamment conduites, les chefs allemands dirigent leurs troupes qu'un siège purement stratégique n'a point fatiguées, ils les poussent à la rencontre de l'armée de la Loire.

L'armée de la Loire! longtemps en France on avait douté de son existence. Etait-ce du découragement, était-ce un scepticisme voulu pour justifier une coupable inertie? Je ne sais! Mais, il m'en souvient, les oreilles et plus encore le cœur des véritables français ont été offensés par des plaisanteries d'un goût très discutable, qui retentissaient comme un blasphême. L'armée de la Loire cependant avait donné signe de vie, elle avait manifesté sa vigueur à Coulmiers. Orléans délivré revoyait nos bataillons depuis longtemps désaccoutumés de la victoire. C'était comme une éclaircie dans un ciel chargé de sombres nuages. Dieu allait-il enfin prendre en pitié le beau pays de France ? On disait à nos soldats: Paris a rompu les lignes prussiennes; nos soldats se reprennent à espérer. Une marche en avant commence de nouveau, avec allégresse. Des succès isolés, mais réels, des engagements avantageux sur différents points apparaissent comme le prélude d'une action énergique, peut-être décisive. L'ennemi l'a compris; l'armée de la Loire est la ressource suprême de la France. Aussi, il n'est pas sans inquiétude ; les précautions qu'il prend ici ne laissent aucun doute à ce sujet. Le roi de Prusse et son conseil ont

décidé de frapper un grand coup. Des régiments
nombreux campent à quelque distance; une armée
de cent mille hommes au moins a pris ses positions;
une artillerie formidable a dressé ses batteries
sur toute cette partie du plateau beauceron.

Nous sommes au Premier Décembre. Le gou-
vernement de Tours annonce que la capitale,
impatiente de briser le cercle de bronze et de feu
qui la tient prisonnière, va tenter un suprême
effort; une sortie gigantesque est résolue. L'armée
de la Loire devra accentuer encore son mouvement.
O plaines qui fûtes sous Charles VII témoins des
luttes pour la délivrance, vous allez voir aux prises
deux nations dès longtemps ennemies! Il se prépare
quelque chose de solennel et de terrible. Les deux
armées, semblables à des nuages chargés d'électricité
se rapprochent l'une de l'autre, elles se choquent.
Des éclairs déjà sillonnent la nue, l'orage va
éclater, formidable. A Guillonville c'est le signal.
Bientôt les Bavarois attaqués à Villepion, à Fa-
verolles sont délogés de leurs positions, poursuivis
jusqu'à Loigny. «Cet échec, dit un témoin oculaire,
« avait inspiré une telle crainte aux Bavarois
« pour la journée du lendemain que, dès le soir,
« tous les officiers avaient reçu l'indication de
« la marche à suivre en cas de retraite.»

Le Deux Décembre, avant l'aube, ils se reti-
rent au nord du village. Le 16e corps français va
pour leur offrir la bataille. Mais les allemands
sont plus de quatre contre un, 150,000 contre

35,000. Que faire? Nos soldats se replient jusqu'à Loigny qu'ils venaient de traverser, dit encore le vénérable pasteur de cette paroisse, dans son récit mouvementé, « qu'ils venaient de traverser avec un entrain, un enchantement indescriptibles. » A midi, quelques compagnies de différents régiments sont cernées par les troupes de Frédéric-Charles. Jusqu'à sept heures, elles défendront courageusement le village de Loigny. Un moment d'hésitation chez les nôstres aggrave encore la situation. Les allemands avancent vers Patay, Chanzy se hâte d'en sortir. Il appelle à son aide le général du 17e corps, qui, à quatre heures, était complètement maître du terrain. Loigny tient bon toujours. Pendant qu'une pluie d'obus qui portent dans leurs flancs l'incendie et la mort, s'abat sans relâche sur le village, les Prussiens, comme toujours, cherchent à tourner l'armée française. Le général de Sonis a compris leur manœuvre; pour la déjouer, il s'adresse à un régiment de marche qui fuit; il le conjure de revenir, sa prière n'est pas entendue. Mais il se souvient que tout près il y a une petite troupe dont le nom signifie, courage, intrépidité. Ils venaient de Rome; soldats de la patrie des âmes, hélas condamnés au repos, ils offrent à la France leur dévouement, leur sang, leur vie. La France, pour les uns, c'est la patrie temporelle; pour les autres c'est la fille aînée de l'Eglise. Comptant sur leur exemple pour entraîner à sa suite le régiment

infidèle, de Sonis va droit au colonel des Zouaves
Ponticaux. Il dit: *Mes enfants, montrons comment se battent des hommes de cœur, suivez-moi!*
On lui répond. *Général, vous nous menez à une
belle fête!* Le général et le colonel s'embrassent;
on les acclame. Des mobiles des Côtes-du-Nord,
des francs-tireurs de Tours et de Blidah se réunissent aux zouaves. Deux amours remplissent ces
âmes chevaleresques. Vive Pie IX! vive la France! A ce cri, ils s'ébranlent. L'attaque cependant,
dit un rapport officiel, est faite régulièrement,
tranquillement, presque sans tirer un coup de
fusil. Tout à coup ils s'élancent, ils bondissent!
Où vont-ils? à la mort.! Oui, mais comme des
héros, comme des chrétiens, comme des martyrs!
La foudre est moins rapide, la mitraille n'est pas
plus meurtrière. Cette charge jette le trouble et
l'effroi dans les rangs ennemis. La baïonnette, si
française, entre en lice à son tour. Entendez-vous
ces hurrahs de détresse? Nos intrépides ont fran-
chi des monceaux de cadavres. Guidés par le
drapeau de Sacré-Cœur, ils volent irrésistibles où
l'ardeur les entraîne. Tout frémit, tout chancelle,
tout tombe et meurt, sur le passage de cet ouragan
humain. Une poignée d'hommes fait une trouée
immense dans l'armée prussienne qui recule
épouvantée. Frédéric-Charles croit à de nouveaux
renforts; mais bientôt il a reconnu son erreur.
En toute hâte, une armée reçoit l'ordre de donner
vigoureusement et tout entière contre ces subli-

mes imprudents; les rapports de l'état-major alle-
mand le constatent, sans avouer la panique qui a
rendu nécessaire ce déploiement de forces. Ce
n'est plus un combat, c'est un massacre. Mais en
mourant, nos braves ont opéré des choses merveilleuses. Ils ont sauvé un corps d'armée, *in
morte mirabilia operati sunt*. A quel prix, vous
le savez, M. F. Vous vous souvenez du spectacle
affreux d'un champ de bataille, d'un champ de
carnage. Pendant l'action, l'esprit et le corps
sont sous l'empire de je ne sais quelle puissance
fascinatrice. Mais quand le dernier coup de canon
a retenti; dans le silence lugubre interrompu
seulement par les plaintes des blessés, le râle des
mourants. Oh! alors, ceux-là seuls qui furent
témoins de ces choses en comprennent l'horreur
sans pouvoir la redire! Ils sont là étendus, nos
jeunes héros; semblables à des épis moissonnés
prématurément, ils jonchent le sol de leur corps, de
leurs membres glorieux.

Pendant qu'ils tombaient vaillamment tout
près de ce petit bois que, selon le désir de l'illustre
Cardinal Pie, on appelle le Bois des Zouaves, les
défenseurs de Loigny, réconfortés par cette bril-
lante charge, continuaient à soutenir un véritable
siège; ils sentaient qu'ils n'étaient pas seuls à ne
pas désespérer. Saluons, M. F., ce bataillon de
chasseurs à pied, ce régiment de mobiles, le 37e de
marche! O fils courageux de la France, vous êtes
dignes de vos frères d'armes les Zouaves-Pontifi-

caux! Eux, ils méritent d'avoir, en vous, des
imitateurs. Soyez leurs émules jusqu'au bout.
Dans quelle forteresse, ô mon Dieu, il leur faut
combattre. Autour d'eux, des chaumières embrasées
qui jettent au loin une lumière sinistre; des maisons dont le toit est criblé d'obus et de bombes;
pour camp retranché, un cimetière. A leurs côtés,
les victimes du tir formidable de l'ennemi. Les
plaintes, les gémissements des blessés se mêlent
au bruit de la canonnade, forment une harmonie
déchirante capable d'affaiblir des courages moins
bien trempés. Pour comble, les munitions s'épui-
sent, elles vont manquer peut-être. Il n'importe!
Chacun brûlera jusqu'à la dernière cartouche. Ils
ont en tête des escadrons sans cesse renouvelés,
de plus en plus compactes; des fantassins aveuglés
par la rage et dont voici le mot d'ordre: déloger,
à tout prix, cette petite troupe obstinée qui ose
s'opposer à l'armée des envahisseurs. En vain la
cavalerie allemande, en rangs pressés, essaie de
pénétrer dans le village; une fusillade incessante
la tient en échec et la décime impitoyablement.
Dans cette masse, tous les coups portent, presque
tous les coups sont mortels. Bientôt les chevaux,
gênés dans leur mouvement par les cadavres
amoncelés, restent exposés avec leurs cavaliers aux
balles intelligentes des assiégés. Il fallait pourtant
en finir! Rendez-vous, crie un officier prussien,
«Pas encore, nos cartouchières ne sont pas vides.»
Mais, ingénieuse autant que cruelle, la fureur

guerrière a trouvé l'infaillible moyen. Les prussiens mettent en tête de leurs colonnes, engagent dans les rues du bourg, réunissent sur la place, les prisonniers français. A cette vue, un de nos officiers s'écrie; ne tirez plus, mes amis, vous tuez vos camarades. — Le patriotisme soutenait l'ardeur de nos combattants, le patriotisme les oblige de cesser une lutte par trop inégale d'ailleurs, et qui ressemblerait aux combats hideux de la guerre civile. Loigny se rend. Que les allemands, pour obéir à la colère, conseillère farouche, incendient, s'ils le veulent, ce qui reste du village conquis. Ils auront bientôt fait; le pays est une vaste ambulance. Pourtant, il faudra épargner les maisons remplies de blessés qui réclament du secours et de morts qui demandent la sépulture. Les autres maisons? Vous devinez le sort qui les menace. Vite, le feu mis à la main, sinon le pétrole, cet étrange auxiliaire des Teutons conquérants, le feu achève l'œuvre de destruction commencée, non pas criminelle. Faites, ô nos vainqueurs, faites promptement! Mais l'histoire, mais l'honneur également indignés l'ont proclamé; une victoire accompagnée de tels actes de sauvagerie est une défaite. A jamais, une tache de sang, éclairée par la lueur d'un incendie inutile, souillera vos lauriers déshonorés et partant peu enviés. Et maintenant, M. F., gloire à nos intrépides soldats du deux décembre. En ce jour, ils ont montré au monde, pour la consolation de la

France accablée, l'exemple d'un dévouement jusqu'à la mort, *in morte mirabilia operati sunt,* et leurs ossements seront visités, *ossa ipsorum visitata sunt.* Ce sera leur récompense terrestre.

II. — Dans nos plaines dénudées et sonores, le bruit du canon franchit rapidement de grandes distances, porte au loin l'épouvante. Les villages et les villes compris dans une zône difficile à préciser, mais considérable, deviennent les témoins impuissants, non pas impassibles, de la lutte engagée à Loigny. Prêtant aux échos plus ou moins rapprochés de la foudre guerrière, une oreille attentive, chacun suppute les probabilités, cherche à deviner l'issue de la bataille. La crainte, l'espérance tour à tour, envahissent le cœur des spectateurs éloignés, pour faire place à la poignante incertitude, à cet effroi patriotique, dont l'amertume n'est à nulle autre comparable. Bientôt l'affreuse vérité s'est répandue dans toute la région; le cri des blessés a marché plus vite que le bruit de la bataille; c'est l'oreille du cœur qui entend cette voix toujours éloquente pour un chrétien, pour un français. Ils se sont levés en grand nombre. Une sainte émulation les anime. Ils apportent des secours de toutes sortes. L'amour du prochain les a rendus plus intelligents encore. Tout est merveilleusement organisé, rien ne manque dans la caravane de la Charité. Habitants de Loigny, vous les avez accueillis comme on accueille des libérateurs. Je le sais, votre reconnaissance pour nos soldats ne

calculait pas; elle aurait voulu donner à tous les
blessés des preuves de gratitude. Mais la sagesse,
la charité mieux comprise, le bien même de vos
hôtes d'un jour, en exigeaient autrement. Cédez
à d'autres l'honneur de panser leurs blessures.
Consolez-vous, les plus dangereusement atteints
vous seront laissés. Consolez-vous, il vous reste la
douloureuse mission de donner à nos morts les
soins suprêmes, ils ne sont ni moins pieux ni
moins méritoires aux yeux de la religion et de la
Patrie. La première visite à ces nobles victimes,
c'est vous, M. F., votre pasteur en tête, c'est vous
qui l'avez faite. Avec quel dévouement! L'histoire
l'a dit, la France s'en souvient, *ossa ipsorum
visitata sunt.* Ici et là, dans les champs d'alentour,
à l'endroit même où ils sont tombés, des fosses
sont creusées; elles reçoivent les corps animés
naguère par des âmes généreuses. Une croix,
symbole et promesse de l'espérance, de l'immor-
talité, indiquera à des pères, à des mères, à des
veuves éplorés, la place où reposent un fils, un
époux bien-aimés, si dignes de l'être. Avant même
que l'étranger repasse la frontière nouvelle, des
visites nombreuses, inspirées par le cœur et le
patriotisme auront honoré la sépulture de nos
braves, *ossa ipsorum visitata sunt.*

Mais le temps qui ne s'arrête jamais entraîne
avec la même rapidité les jours de tristesse comme les jours de joie. Il a ramené le douloureux
anniversaire. Nous nous souvenons de cet événe-

ment qu'on ne peut oublier. Ceux qui comprennent les sévères leçons d'une guerre si fatale; ceux qui savent apprécier le courage dans son expression la plus noble, s'étaient donné rendez-vous à Loigny pour le Deux Décembre 1871. Plusieurs représentants à l'assemblée nationale, des généraux, des officiers de tous grades, des soldats survivants de la lutte mémorable; la foule de leurs admirateurs, c'est-à-dire des magistrats, le clergé, les personnages les plus en vue comme les plus effacés, tous les âges, toutes les conditions prennent part à cette manifestation. Des milliers de français accomplissaient un pieux et patriotique pélerinage. Le premier pasteur du diocèse préside; il est accompagné d'un futur prince de l'Eglise, orgueil du pays chartrain. L'éloquence du Pontife, la grande éloquence chrétienne retentit dans l'enceinte sacrée. Elle rehausse l'éclat de la cérémonie et donne à la solennité un cachet d'incomparable splendeur. L'église, depuis disparue, est trop petite pour contenir la foule immense. Mais pendant que le sang du Rédempteur coule sur l'autel pour achever de purifier, s'il est nécessaire, les âmes de nos héros chrétiens, tout le long du jour, des visites émues sont faites aux croix, disséminées dans la plaine qui ressemble à un vaste cimetière. Des prières ferventes avec des larmes, amères sans doute, mais non pas désespérées, sont répandues sur la dépouille à peine refroidie de nos modernes machabées, *ossa ipsorum visitata sunt.*

Encore quelques années, un temple chrétien
surgira comme par enchantement. On le veut
digne des héros regrettés, digne des survivants.
Il s'élévera comme un monument de piété et de
reconnaissance; il perpétuera le souvenir de grandes et nobles choses.

L'initiative est venue de l'amour paternel, qui
s'en étonnerait? La générosité des frères d'armes
et des familles opulentes des Zouaves-Pontificaux,
le zèle de la commission, les offrandes spontanées
de tous conduiront à bonne fin la patriotique entreprise. Dès l'année 1877, après le délai fixé par
la loi, les ossements de nos défenseurs sortent de
terre et sont apportés dans ce caveau funèbre qui
sera plus tard disposé avec la symétrie particu-
lière et saisissante d'un ossuaire historique. Déjà
il m'apparait comme un vaste et précieux reli-
quaire; c'est le trésor, le joyau d'un sanctuaire
vénéré. De ce temple, que vous dirai-je, M. F.? Il
vous semblerait naïf celui qui vous ferait remar-
quer la splendeur du soleil lorsque, dans l'atmos-
phère azurée, il brille au sommet de la voûte
céleste. Mes paroles amoindriraient les magnifi-
cences sévères d'un édifice dont le plan et
l'exécution font le plus grand honneur aux artistes
habiles, aux généreux donateurs! Depuis, et chaque
année, et pour les siècles, les os vénérés de nos
braves ont reçu et recevront la visite patriotique
et chrétienne, *ossa ipsorum visitata sunt*, et

après leur mort il prophétiseront, *et post mortem prophetaverunt.*

III. — En effet, M. F. l'anniversaire de la fameuse journée, les souvenirs qu'il ravive, renferment plus d'un enseignement précieux. Il convient d'en signaler une partie à la méditation de vos âmes émues. A Dieu ne plaise que la parole d'un prêtre catholique retentisse jamais, dans une assemblée chrétienne, sans chercher à faire germer et s'accroître dans les cœurs, des sentiments généreux, de sanctifiantes résolutions! Imitant la tendresse de Jésus qui pleura Lazare, l'ami de son cœur, l'Eglise verse des larmes sur le tombeau de ses enfants. Elle ne rend pas la vie à ceux qui l'ont si vaillamment sacrifiée, mais elle sait découvrir dans leur abnégation, des leçons sublimes; elle les commente, elle les offre à ses autres enfants; elle espère, de leur bonne volonté, qu'ils rendront cet enseignement salutaire. Après leur mort, les héros, comme les saints, parlent encore, ils prophétisent, *post mortem prophetaverunt.* Leur voix ne saurait être étouffée par les brutalités du tyran universel qui les a couchés dans un tombeau. Penchez-vous sur ce sépulcre; faites cesser le bruit des passions et même des préoccupations légitimes. Ecoutez ce langage. Vous serez forcés d'en convenir avec moi: non, rien sur la terre n'est éloquent comme la mort! Que disent-ils ces prophètes muets? Ils nous parlent de la Patrie, l'être majestueux et doux. Ils nous disent: Aimez la Patrie. Aimez-la ardemment, aimez-la toujours, même si elle était ingrate. En des jours d'accablement, quand une partie de ses enfants gémit dans l'exil, quand les autres tombent fauchés par la mort, en présence de l'étranger victorieux, alors surtout, aimez la Patrie. C'est une mère qui souffre, qui pleure des larmes de sang ; une mère menacée dans sa liberté, dans son honneur. Aimez-la, vengez-la !

L'amour de la Patrie reçoit, même ici bas, sa récompense, car il aide nos frères à l'aimer davantage. D'instinct, énergiquement, nous voulons que l'être aimé de nous, le soit de nos semblables, de tous s'il est possible. Ce succès n'a pas manqué à l'ambition de ceux que nous pleurons. S'il y a sur la terre la contagion du mal, il y a aussi, Dieu le voulant, la contagion du bien. Voyez, M. F. comment, dans un moment d'hésitation bien naturelle chez des troupes non aguerries, la vaillance d'une poignée d'hommes déterminés relève le courage chancelant de quelques compagnies. Ralliées, transformées, elles se précipitent au combat. O amour sacré de la Patrie, tu opères des merveilles ! L'histoire fidèle à sa mission me l'avait révélé ; mais, en ce jour, ta puissance donne de sa fécondité, une preuve nouvelle, éclatante.

Vous le dirai-je, M. F.? je ne comprends bien cet amour que s'il est le fruit du sentiment religieux. Fils de la Foi, le vrai courage vient du ciel. Là est la source de sa vigueur, l'objet de ses

désirs, son but suprême. Pour aimer son pays
d'un amour efficace il se faut souvenir qu'il est,
aux cieux, une patrie plus belle que la patrie terrestre, s'appelât-elle la France. Quiconque borne
ses aspirations aux jouissances incertaines, en
tous cas passagères, de ce monde, ne saurait être
vraiment brave. Sa vie est une énigme, une agi-
tation sans but, fatalement il devient égoïste ; or
l'égoïsme est l'ennemi du dévouement, en atten-
dant qu'il en soit le meurtrier. La foi, au contraire,
rétablit tout dans l'ordre voulu de Dieu. Comme
l'a dit Lacordaire: «l'amour de la Patrie est avec
« l'amour de l'Eglise, le sentiment le plus sacré
« du cœur de l'homme.» Le sentiment religieux
et le sentiment national l'un l'autre se fortifient.
Ce que fait la discipline, tout ce qu'elle peut faire,
la Foi le fait mieux encore ; ce que procure le patriotisme, cette vertu des peuples forts, l'amour
de Dieu et du prochain, cette gloire des nations
chrétiennes, le procure mieux encore, incompara-
blement. La raison et le cœur ont contracté une
alliance sublime et féconde; le monde ravi com-
prend ce que c'est que le dévouement véritable.
Le vrai courage est chrétien, il est catholique! Nos
annales me dispensent de faire la démonstration
d'une vérité éclatante comme le jour. D'ailleurs
Loigny est un argument qui défie tous les so-
phismes.

Il est un autre enseignement, plus religieux
encore, a tirer de la journée du Deux Décembre.

Vous vous souvenez peut-être, M. F. du dédain
prodigué aux Zouaves Pontificaux, aux défenseurs
du Saint-Siège. Soldat du Pape! c'était, dans la
pensée des indifférents, une injure, dans la bouche
des passionnés, c'était un outrage. Depuis, tout a
changé. On les a vus à l'œuvre. L'admiration
remplaçant le mépris immérité a provoqué l'enthousiasme. A quelle source mystérieuse ont-ils
donc puisé cet entrain, non pas nouveau pour le
monde, mais qui se manifeste si brillamment? Je
vais vous le dire. La personne tout entière du
Fils de Dieu fait homme mérite, exige nos hommages, nos adorations. Le Cœur de N.S.J.C, est
l'objet d'un culte approuvé par la Foi, conforme à
la raison. La dévotion au Sacré-Cœur est la dévotion des âmes tendres, plus encore des âmes
énergiques. Il était, je ne crains pas de l'affirmer,
il était dans le dessein de Dieu que l'étendard du
Sacré-Cœur fût le drapeau des troupes d'élite.
Tous n'ont pas lutté, au Deux Décembre, sous la
blanche bannière, mais lorsque l'officier des Zouaves Pontificaux la brandissait comme une épée, en
poursuivant jusqu'aux premières maisons de Loigny, l'ennemi épouvanté, l'ombre protectrice et
valeureuse du fanion du Sacré-Cœur s'étendait
sur tous les combattants. Je trouve, aux verrières
et sur les murailles de notre mausolée chrétien,
la justification de ma remarque. La bannière du
Sacré-Cœur frappe partout nos regards. Sous
la coupole, comme la croix au sommet de nos

églises, elle domine le nom de chaque victime de
cette bataille; gravée sur le marbre immortel, elle
couvre la dépouille, elle protège le dernier sommeil
de nos braves. Aux fenêtres de la nef, elle accom-
pagne les écussons du pourtour, avec le nom des
divers régiments plus ou moins éprouvés dans
cette journée, comme autrefois la litre représen-
tait les armoiries seigneuriales. En ce sanctuaire
dorment les amis du Sacré-Cœur, réunis en une
seule armée mise hors de combat, non pas vain-
cue. Ils prophétisent encore, *ossa... post mortem
prophetaverunt.* Ecoutez, M. F. ce que disent et
l'étendard et les héros qui l'ont suivi : voulez-
vous mettre en votre âme la bravoure qui triomphe même en succombant ? retenez notre devise :
Cœur de Jésus, sauvez la France ?

Bien des fois depuis, en de solennelles cir-
constances, ce cri de l'espérance chrétienne
comme de la valeur guerrière a jailli du cœur
des catholiques français. S'il a jeté l'effroi quelque
part, ce fut seulement dans les âmes corrompues
ou pusillanimes. O France, ô Patrie trop peu
aimée, pour te donner le témoignage d'un amour,
d'une confiance également indestructibles, nous le
disons encore, nous le répèterons sans cesse, il
accompagnera, il sera notre dernier soupir ce cri
de tes défenseurs, Cœur de Jésus, sauvez la
France. Anges Saints qui gardez ce sanctuaire,
dites au plus haut des cieux ! Ossements dessé-
chés de nos amis, rompez le silence, reprenez

le cri de la vaillance et de la foi! Tous ensemble M. F. adressons au Christ, ami des Francs, cette prière nationale : **Cœur de Jésus, sauvez la France !!**

Chartres . — F. Milan - Leduc, Imprimeur.